LA COMMUNICATION NONVIOLENTE

Les clés d'une collaboration sereine

Par Véronique Bronckart

50MINUTES.fr

LA COMMUNICATION NONVIOLENTE

- **Problématique ?** Quelles attitudes adopter pour appliquer une démarche de Communication NonViolente en entreprise ?
- **Utilité ?** Prévenir la violence, aborder les situations conflictuelles de manière constructive, favoriser la collaboration et optimiser les relations professionnelles.
- **Contexte professionnel ?** Relations professionnelles, gestion d'équipe, travail d'équipe, développement personnel et professionnel.
- **FAQ ?**
  - <u>Qu'est-ce que la Communication NonViolente ?</u>
  - <u>À quoi la Communication NonViolente peut-elle me servir ?</u>
  - <u>La Communication NonViolente n'est-elle utile qu'en cas de conflit ?</u>
  - <u>Comment puis-je mettre en place un processus de Communication NonViolente ?</u>

- <u>À qui s'adresse la Communication NonViolente ?</u>
- <u>Quel peut être l'impact de la Communication NonViolente sur ma vie professionnelle ?</u>

Que ce soit dans le cadre privé ou professionnel, nous sommes tous tôt ou tard confrontés à des tensions de nature variée. Oppositions d'intérêts ou de points de vue entre des personnes, les conflits – souvent chargés d'émotions – méritent toute notre attention. Loin d'être agréables, ils sont toutefois utiles pour peu que nous apprenions à communiquer et à en dégager le positif : à travers eux en effet nous apprenons, nous changeons et nous construisons nos relations avec les autres.

Trop souvent pourtant, nous avons tendance à adopter une mauvaise attitude face à ces différends. Celle-ci peut d'ailleurs entraîner davantage de conséquences négatives que le conflit en lui-même : violences relationnelles, physiques ou psychologiques, dirigées vers les autres ou contre nous-mêmes. Mais pourquoi donc agissons-nous de la sorte ? Comment faire pour ne pas réagir instinctivement face à un désaccord ? Comment

optimiser nos rapports sociaux ou profession-
nels pour collaborer en toute sérénité ?

Essayez la méthode de la Communication NonViolente pour trouver des réponses réfléchies et constructives à vos problèmes relationnels. Sortez du cercle vicieux des échanges malsains, marqués par la colère, la vengeance et la vio-lence, en prenant conscience de vos sentiments, de vos désirs et de vos actes !

B.A.-BA DE LA COMMUNICATION NONVIOLENTE EN MILIEU PROFESSIONNEL

QU'EST-CE QUE LA COMMUNICATION NONVIOLENTE ?

Une question de terminologie

Communiquer de façon non violente implique que l'interlocuteur fasse preuve d'empathie, de compassion, de coopération et de respect envers la personne à laquelle il s'adresse. Il agit de façon bienveillante envers lui-même et envers les autres. Le terme « non-violence » est popularisé par le mouvement de Gandhi (guide spirituel indien, 1869-1948) et désignait à l'époque le fait d'interagir avec l'autre sans lui nuire. Cette notion se fonde sur deux postulats :

- tous les individus éprouvent des besoins fondamentaux ;

- chacun d'eux est capable de se montrer obligeant envers les autres.

Définition

La Communication NonViolente (CNV) est une marque déposée qui rassemble les concepts et les méthodes élaborées par le psychologue américain Marshall B. Rosenberg (1934-2015) dans les années soixante. Il la définit comme un mode de communication associant le langage, la façon de penser et les compétences en termes de communication tout en permettant d'être en accord avec soi-même. Elle comporte deux volets – le « soi » et l'« autre » – et s'organise autour de quatre étapes incontournables basées sur l'observation, le sentiment, le besoin et la demande.

PETIT PLUS

Pour éviter d'employer le terme « violence », qui peut parfois être mal interprété, on parle également de communication consciente ou empathique.

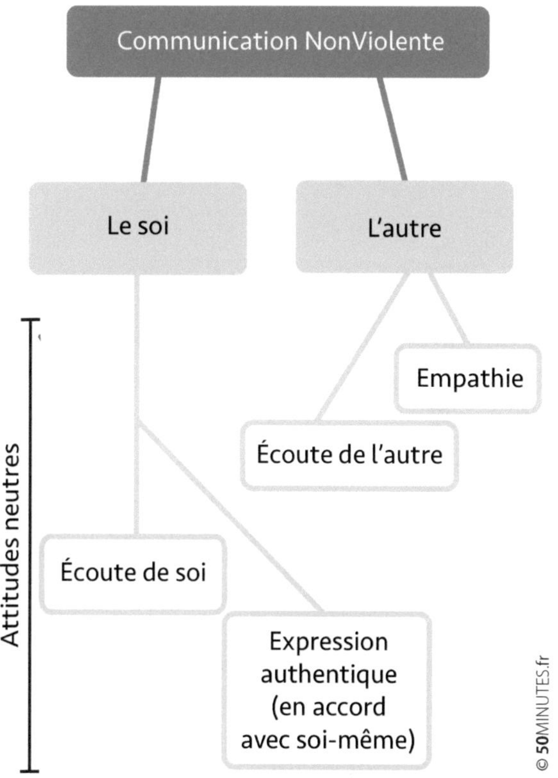

Le but est d'améliorer la communication grâce au développement d'attitudes neutres, telles que l'écoute, l'observation ainsi que l'identification des sentiments et des besoins de soi comme de l'autre. Attention, il ne s'agit pas de mettre en place des règles qu'il faudra suivre à tout prix, mais de comprendre et d'instaurer des repères pour apprendre à s'exprimer de façon bienveillante.

On peut observer trois manières d'utiliser la Communication NonViolente, à savoir :

- communiquer avec soi-même pour comprendre ce qui se passe en soi (auto-empathie) et se rendre compte de ses propres besoins ;
- communiquer avec l'autre en favorisant la compréhension et l'acceptation du message ;
- recevoir un message de l'autre et l'écouter de manière à faciliter le dialogue.

Quelle est son utilité ?

Nous avons tous appris à parler, mais pas forcément à communiquer. Nos relations dégénèrent trop souvent en rapport de force, que ce soit dans le contexte privé ou professionnel.

Compte tenu de ces constats, la Communication NonViolente nous apprend à analyser les comportements, les besoins, les désirs de chacun et à mieux les exprimer. Ainsi, elle permet d'améliorer notre mode de communication et de résoudre des conflits de façon constructive et positive en négociant des compromis, luttant ainsi contre la rivalité et privilégiant la collaboration. Pour ce faire, elle utilise l'assertivité basée sur l'authenticité c'est-à-dire le fait d'oser exprimer ce que l'on ressent et ce que l'on désire au plus profond de soi de façon à respecter ses propres besoins et valeurs tout en empêchant nos émotions inconscientes telles que la honte, le devoir ou la culpabilité de refaire surface.

Instaurer cette pratique dans une entreprise contribue à accroître le bien-être des individus qui la composent, et, par-là, leurs performances. Elle est d'autant plus utile en période de stress et de crise. Ce sont en effet des moments-clés durant lesquels les managers et salariés ont besoin de communiquer positivement pour instaurer des relations de confiance et coopérer de façon satisfaisante. La Communication NonViolente limite les jeux de pouvoir et apaise les tensions au sein de l'équipe. Parallèlement, elle remotive les individus et clarifie votre relation à vous-même lorsque vous êtes submergé par l'émotion.

Impact de la Communication NonViolente

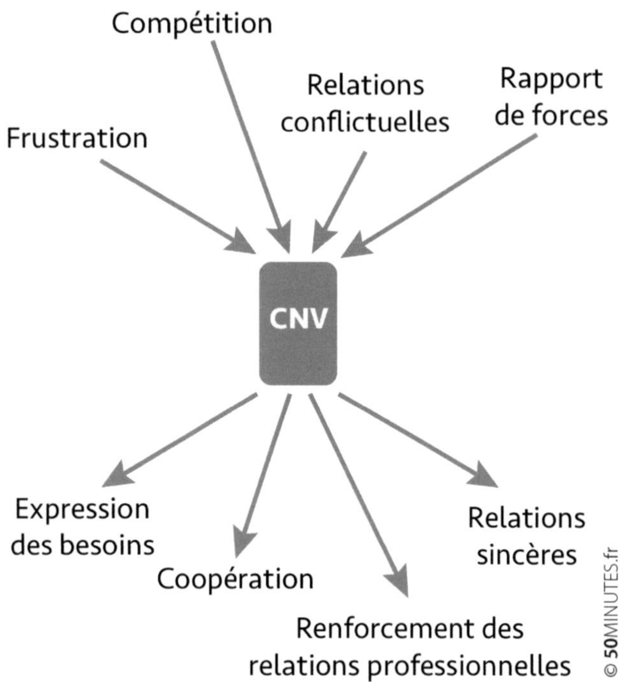

LES ÉTAPES DE LA COMMUNICATION NONVIOLENTE

Quatre phases sont nécessaires au succès de la Communication NonViolente dans la résolution de conflits : observer, exprimer ses sentiments, exprimer ses besoins et demander. Il est important de poursuivre ce cheminement.

Observer

La première étape consiste à observer un fait ou un comportement concret qui affecte notre bien-être. Il s'agit de considérer cette situation objectivement et sans jugement, puis de s'interroger sur ce qui nous gêne. Cela nous permet de dégager différentes choses telles que :

- des observations objectives (ce que l'on a pu déceler, sans pour autant en tirer des conclusions) ;
- des évaluations ;
- des interprétations.

Ces deux dernières sont légitimes et peuvent être exprimées à condition de préciser qu'elles sont subjectives et non réelles. Dès lors, il convient de les distinguer des observations objectives. Il conseillé de ne porter aucun jugement réel sur la personne au risque de la vexer, ce qui la fermerait à toute discussion.

> **Formulations recommandées :**
> « Je constate que le rapport n'est pas encore terminé ». Ici, on met l'accent sur un fait observé. À l'inverse, la remarque « je vois que tu n'as pas encore fini le rapport » peut être considérée comme une critique personnelle ayant des sous-entendus tels que « tu traînes à faire ce rapport, c'est de ta faute, etc. ».
> Encore, « Tes dossiers ne sont pas rangés », sera mieux accueilli que : « Tu n'es vraiment pas ordonné, tu laisses traîner tes dossiers partout ! ».
> Enfin, préférez : « J'ai remarqué que ton chiffre de vente a diminué cette semaine » à : « Tu n'as pas fait un bon chiffre de vente cette semaine ! », car cette phrase porte un jugement sur les facultés de votre interlocuteur.

Il est également important de reconnaître et de distinguer les différents types de conflits :

- **le conflit d'intérêts.** Un individu possède des intérêts multiples qui entrent en opposition et peuvent altérer la motivation des autres ;
- **le conflit de pouvoir.** Chacun cherche à aug-

menter sa prise de pouvoir aux dépens des autres ;

- **le conflit de relation.** Les personnes n'ont pas la même définition de leur relation ;
- **le conflit affectif.** Les sentiments ou les émotions des individus sont opposés ;
- **le conflit culturel.** Les personnes ont une vision du monde, des valeurs, des pensées ou des modes de vie différents.

Pouvoir identifier les problèmes vous permet de mieux les affronter. Comme vous pourrez le lire dans le chapitre suivant, il n'existe pas une bonne manière de faire face aux différentes situations : il faut constamment s'adapter.

À ÉVITER

Rester dans un rapport de force et de compétition sans avoir de réelle intention de communiquer ces observations.

Exprimer ses sentiments

Lors de la deuxième étape, il convient d'identifier les sentiments que vous éprouvez suite à cette situation et de les exprimer en les différenciant de vos interprétations et de vos préjugés. La Communication NonViolente vous invite ainsi à développer votre intelligence émotionnelle, à explorer et à partager vos sentiments (la surprise, la curiosité, la peur, la frustration, la tristesse, etc.). Il est crucial de vous écouter et de comprendre ce que vous ressentez et pourquoi. En apprenant à vous connaître et à vous affirmer, vous réussirez à vous faire comprendre des autres. En effet, il est plus aisé pour votre interlocuteur d'améliorer son comportement s'il a conscience de ses répercussions sur vous. Il est également important de laisser l'autre exprimer ses émotions.

Formulations recommandées :

« Je constate que le rapport n'est pas encore terminé et cela m'inquiète, car... »

« Je vois que tes dossiers ne sont pas classés, cela m'ennuie fortement, car... »

« J'ai remarqué que ton chiffre de vente a diminué cette semaine, cela me préoccupe, car... »

CONSEIL

N'ayez pas peur de révéler vos sentiments par pudeur ou par crainte du regard des autres. L'affirmation de soi est une première étape pour trouver des solutions répondant à vos attentes. En masquant ce que vous éprouvez, vous ne feriez que repousser le problème.

Exprimer ses besoins

Nous pensons généralement que ce sont les situations ou les événements qui provoquent nos émotions et nos attitudes. Or, nous ignorons trop souvent que nos besoins constituent un lien intermédiaire entre nos sentiments et le comportement des autres. Il est très important de reconnaître, d'assumer et d'exprimer ses besoins, ses frustrations et son ressenti. Ils sont révélés de façon spontanée par nos émotions (peur, colère, tristesse, etc.) et peuvent déclencher un effet « miroir » sur votre interlocuteur. En suscitant de l'empathie chez ce dernier, vous pourrez plus facilement trouver un terrain d'entente. La Communication NonViolente est inconcevable sans échange ni écoute active et empathique des besoins de chacun.

> **Formulations recommandées :**
> « Je constate que le rapport n'est pas encore
> terminé et cela m'inquiète, car je dois rencontrer
> le client cet après-midi et je souhaite en discuter
> avec lui… »
> « Je vois que tes dossiers ne sont pas classés, cela
> m'ennuie fortement, car nous avons des difficul-
> tés à retrouver chaque projet… »
> « J'ai remarqué que ton chiffre de vente a dimi-
> nué cette semaine, cela me préoccupe, car les
> objectifs du mois ne seront pas atteints… »

Les obstacles à l'expression de nos besoins peuvent être de nature diverse : l'éducation, le contexte social ou familial dans lequel on évolue, la timidité, la crainte de ne pas savoir quel mot utiliser pour exprimer au mieux ses sentiments et ses besoins, la peur d'être critiqué(e) ou incompris(e), etc.

Demander

Arrive alors le temps de formuler votre demande de façon concrète, réaliste et positive. Une demande ouverte, sans exigence mais négociable, permet de passer plus facilement à l'action pour satisfaire les besoins de chacun. Le fait de formuler vos besoins à ce moment – c'est-à-dire après les trois premières phases – la rend négociable. Ne vous montrez ni agressif(ve), ni trop exigent(e), ni menaçant(e), ni autoritaire ou manipulateur(trice), au risque d'engendrer peur ou frustration chez votre interlocuteur.

> **Formulations recommandées :**
>
> « Pourrais-tu terminer ce rapport avant midi afin que je puisse en discuter lors de mon rendez-vous avec le client cet après-midi ? Nous pourrons clôturer le dossier plus tôt. »
>
> « Peux-tu ranger tes dossiers aujourd'hui afin que nous puissions nous y retrouver dans les projets en cours ? Nous gagnerons un temps fou. »
>
> « J'ai remarqué que ton chiffre de vente a diminué cette semaine, cela me tracasse, car les objectifs du mois ne seront pas atteints. Penses-tu pouvoir redresser cette courbe avant la fin de la semaine afin d'éviter des pertes financières ?

Afin que la demande soit entendue, elle doit être :

- **active et positive**, car il est important de demander ce que l'on veut et non ce que l'on ne veut pas ;
- **consciente et explicite** pour éviter toute mauvaise interprétation ;

- **simple, claire et précise** afin qu'elle soit bien comprise ;
- **dépourvue de toute forme d'autoritarisme ou d'exigence** telle qu'« il faut », « tu dois » afin d'éviter la soumission ou la révolte de votre interlocuteur.

Écouter et accueillir les propos d'autrui avec bienveillance et sans jugement est l'un des points clés de la Communication NonViolente.

LA GIRAFE VS LE CHACAL

Dans le cadre de la Communication NonViolente, Marshall B. Rosenberg utilise deux animaux pour illustrer nos attitudes envers les autres :

- **La girafe** est le symbole de la CNV. Possédant un grand cœur et une haute stature, la girafe embrasse du regard ce qui se passe autour d'elle. Dans le contexte de la CNV, ces deux caractéristiques (bienveillance et hauteur) lui permettent de prendre du recul pour analyser les situations difficiles et prévoir des actions à long terme. Empathique, elle s'affirme avec honnêteté, exprime ouvertement ses sentiments et est à l'écoute de ceux des autres. Elle représente le langage du cœur et son but est de créer une relation sereine et respectueuse avec les autres.

> **Exemple de langage girafe** :
> « Lorsque tes dossiers ne sont pas classés, cela m'énerve, car je perds trop de temps pour retrouver celui que je recherche. Pourrais-tu les ranger au bon endroit ? »

- **Le chacal (ou le loup)** est dans le jeu de pouvoir. Il diagnostique, juge, classifie, étiquette et exige. Il a tendance à vouloir contrôler les autres en les manipulant ou en jouant avec leurs sentiments. Il représente la violence dans une relation, car son langage est basé sur le jugement, la critique, la manipulation et la domination. Il conduit trop souvent à la confrontation et au conflit.

> **Exemple de langage chacal :**
> « Tu m'énerves à ne jamais ranger tes dossiers ! Tu ne respectes vraiment pas tes collaborateurs, je perds un temps fou à trouver ce que je cherche. Et en plus, tu as l'air de trouver ça normal ! »

PISTES POUR UNE COMMUNICATION NONVIOLENTE

Afin de vous faire une idée plus claire de ce qu'implique réellement une démarche de Communication NonViolente, tentez de vous projeter dans certaines situations exposées ci-dessous. Pour chacune d'elles, des solutions concrètes sont suggérées.

Ce qui bloque la situation	La bonne attitude
Votre interlocuteur vous critique systématiquement.	Accueillez les critiques avec calme. Écoutez votre interlocuteur jusqu'au bout, sans chercher à le contrer. Essayez de comprendre son intention réelle. Refusez d'être catalogué et demandez des faits précis. Reconnaissez les critiques qui vous semblent fondées et répondez à celles qui ne le sont pas.
Votre interlocuteur reste inerte.	Ne baissez pas les bras en pensant que la cause est perdue. Si l'autre se comporte ainsi, c'est sans doute qu'il éprouve des difficultés à communiquer, à exprimer ses émotions ou qu'il est indécis. Posez-lui des questions, rassurez-le, encouragez-le à se manifester. Soyez chaleureux et évitez de le brusquer pour lui tirer les vers du nez.

Ce qui bloque la situation	La bonne attitude
Votre interlocuteur est de mauvaise foi.	Multipliez calmement les interrogations pour le faire parler et mettre à jour ses contradictions.
Votre interlocuteur semble tomber des nues.	« Ça alors ! Quelque chose ne va pas entre nous ? Si j'avais pu m'imaginer… » Soit la personne joue les imbéciles, soit elle est complètement à côté de la plaque, hermétique au monde qui l'entoure. Détaillez méthodiquement la situation, donnez-lui des faits et des exemples précis et utilisez les techniques de la Communication Non Violente pour faire comprendre le problème.

Ce qui bloque la situation	La bonne attitude
Votre interlocuteur est agressif.	Gardez votre sang froid. Faites preuve d'écoute mais ne montrez aucune complaisance. Prenez les choses en main avec détermination sans monter le ton. Essayez de déterminer ce qui se cache derrière cette attitude (incertitude, manque de confiance, besoin de reconnaissance, etc). Laissez-le extérioriser sa colère tant que celle-ci ne dépasse pas les limites de l'acceptable. S'il vous insulte ou vous menace physiquement, interrompez la conversation. Une fois l'orage passé, faites-lui comprendre que vous n'êtes pas son ennemi et que vous souhaitez sincèrement trouver une solution commune. Introduisez le « nous » dans vos propos pour l'impliquer dans la résolution du problème.

Ce qui bloque la situation	La bonne attitude
Votre interlocuteur vous fait la morale.	Votre interlocuteur vous juge en multipliant les principes auxquels, selon lui, vous ne répondez pas. Utilisez le questionnement et la reformulation pour lui montrer à quel point son comportement est rigide et intolérant. Vous pouvez aussi adopter une attitude en miroir en lui renvoyant vos propres préceptes moraux.
Votre interlocuteur est incohérent.	Bavardages incessants, dispersion, impatience, votre opposant a du mal à se poser et à mettre de l'ordre dans ses idées. Gardez votre calme et ne gaspillez pas votre énergie inutilement. Centrez la discussion sur vos objectifs mutuels et faites des pauses, des synthèses partielles pour souligner chaque proposition positive. Assurez-vous que l'autre vous suit dans cette démarche. Soyez rassurant et sûr de vous.

Ce qui bloque la situation	La bonne attitude
Votre interlocuteur se concentre sur lui.	Il se plaint, s'appesantit sur ses efforts personnels et insiste sur ses besoins sans tenir compte des vôtres. Il ne vous écoute pas et la seule solution qui lui paraisse satisfaisante est celle qu'il propose. Ne vous énervez pas et insistez sur la nécessité de trouver une solution ensemble. Ne cedez pas à la pression en acceptant trop rapidement une issue pour « avoir la paix ». Autre solution : faites-lui comprendre que si vous restez tous les deux fixés sur vos propres objectifs vous ne trouverez jamais de solution.

Ce qui bloque la situation	La bonne attitude
Votre interlocuteur est angoissé.	Il dramatise et pratique l'autoflagellation. Aidez-le à se recentrer sur des faits objectifs et dépassionnez le conflit. Efforcez-vous d'avoir une approche pragmatique et proposez une méthode de travail et un calendrier. Montrez que vous avez confiance en lui et que vous êtes persuadé qu'une solution est possible.
Votre interlocuteur vous congédie.	De quel droit cette personne vous empêche de vous exprimer librement ? Essayez d'en savoir plus en la questionnant. Si toute communication est impossible, la relation est malheuresement compromise, vous ne pouvez pas obliger quelqu'un à échanger avec vous.

- N'utilisez pas le « tu », car celui-ci apporte un sens accusateur à votre phrase.
- Ne portez pas de jugement et ne formulez pas de critique.
- Ne donnez pas d'ordre et ne proférez pas de menaces.

LES COMPORTEMENTS À ÉVITER

- **Nier le conflit** : en étant dans le déni, vous véhiculez l'image d'une personne orgueilleuse (« nous sommes une trop bonne équipe pour qu'il y ait des conflits ») ou d'une personne craintive, voire lâche (« j'ai horreur des disputes et préfère ne pas les voir »). Si vous agissez de la sorte, vous risquez de voir ressurgir plus tard le conflit. L'accepter est la première étape vers sa résolution.
- **Démissionner face au conflit** : en abandonnant, vous révélez un manque de confiance en vous ou un caractère faible, ne désirant pas intervenir dans un litige. Il y a de fortes chances que les personnes qui vous entourent vous perçoivent comme une personne trop

gentille, ce ne permettra en aucun cas de régler le conflit.

- **Être violent physiquement ou psychologiquement** : ce faisant, vous risquez de donner l'impression de vouloir dominer et de trouver du plaisir dans le conflit. Sachez pourtant que la confrontation violente ne peut qu'envenimer les choses. Elle fait apparaître la rancœur et le désir de vengeance.
- **Porter un jugement** : cela peut blesser votre interlocuteur et le fermer au dialogue. Restez donc neutre et appuyez-vous sur les faits. Par exemple, au lieu dire « tu ne t'impliques pas », dites plutôt « je t'ai senti peu motivé sur les dernières missions que je t'ai données ».

TOP CONSEILS

- Restez calme et ouvert à la discussion.
- Identifiez la source du conflit ou du désaccord.
- Parlez de la situation en utilisant le « je » et non le « tu ». Favorisez des formulations de type « je ne me sens pas soutenu dans cette tâche » plutôt que « tu ne m'aides jamais ! » Employez également le « nous » lorsque vous évoquez la solution.
- Identifiez et exprimez votre ressenti en faisant attention aux termes utilisés, qui ne définissent pas explicitement les émotions. Nous avons en effet souvent tendance à nous exprimer via des tournures de phrase de type « j'ai le sentiment que... ». Celles-ci représentent cependant davantage notre interprétation du comportement de l'autre. Par exemple, au lieu de dire « j'ai le sentiment que tu m'abandonnes », dites « je me sens abandonné et cela me rend triste ».
- Reconnaissez et manifestez vos craintes lors de la discussion. Nous avons tendance à les dissimuler mais cela nous empêche de recon-

naître nos réels besoins et donc de parvenir à des solutions.

- Justifiez et expliquez vos besoins afin qu'ils soient bien compris. Par exemple : « Je voudrais que tu arrives à l'heure parce que j'interprète tes retards comme un manque de respect ».
- Soyez bienveillant et à l'écoute de l'autre.
- Négociez des actions concrètes et utiles pour le bien de chacun.
- Exprimez clairement votre demande en évitant de donner des ordres. Par exemple, au lieu de « à partir de demain, je veux que tu classes tous ces dossiers », dites plutôt « pourriez-vous vous charger du classement de ces dossiers à partir de demain ? ».

À NOTER

Pour que ce processus fonctionne réellement, cela suppose :

- une attention et une écoute de votre interlocuteur ;
- une volonté de favoriser le dialogue et la coopération.

FAQ

QU'EST-CE QUE LA COMMUNICATION NONVIOLENTE ?

La Communication NonViolente est un processus de communication basé sur l'empathie et le respect de soi et d'autrui. Elle favorise la compréhension et l'acceptation des messages, dans un cadre bienveillant et tolérant entre deux parties opposées. Elle résulte de la combinaison d'un langage verbal, corporel, d'une façon de penser et d'un savoir-faire en communication. Chaque individu doit observer les faits sans porter de jugement, différencier ses sentiments de ses interprétations et exprimer ses besoins profonds afin de formuler une demande concrète et réalisable pour le bien de chacun et de l'entreprise.

À QUOI LA COMMUNICATION NONVIOLENTE PEUT-ELLE ME SERVIR ?

L'objectif de la Communication NonViolente est d'améliorer nos rapports avec autrui de manière constructive et positive et de résoudre les conflits en éveillant l'empathie, la compassion et en communiquant de façon respectueuse. En apprenant à se connaître et à comprendre l'autre, on gagne en confiance et en bien-être. Une meilleure communication au sein de l'entreprise limite les jeux de pouvoir et la compétition et favorise la coopération. C'est toute l'équipe et ses performances qui bénéficieront de cette méthode. Elle est également préconisée dans le cadre de la prévention au burn-out.

LA COMMUNICATION NONVIOLENTE N'EST-ELLE UTILE QU'EN CAS DE CONFLIT ?

Vous pouvez utiliser la Communication NonViolente de deux façons :

• en communiquant avec vous-même pour

comprendre ce qu'il se passe en vous, il s'agit de l'auto-empathie ;

- en communiquant avec l'autre pour résoudre une situation conflictuelle.

Dans le premier cas, la CNV consiste donc à prendre conscience de votre « être », de votre « savoir », de vos émotions, de vos besoins et de vos valeurs, d'agir et de vous affirmer en vous respectant quitte à décevoir ou à être mal compris des autres. Dans le second cas, elle consiste en une empathie et un respect mutuel menant à des relations professionnelles saines et positives.

COMMENT PUIS-JE METTRE EN PLACE UN PROCESSUS DE COMMUNICATION NONVIOLENTE ?

Pour exploiter au mieux cette méthode, suivez les quatre étapes incontournables qui la composent :

- l'observation des faits et des comportements ;
- l'identification et l'expression des sentiments éprouvés ;
- la reconnaissance et l'expression des besoins, des craintes de chacun ;

- l'expression claire des demandes et des actions à mener.

À QUI S'ADRESSE LA COMMUNICATION NONVIOLENTE ?

La Communication NonViolente s'adresse à toute personne désireuse d'améliorer sa relation avec elle-même et les autres, que ce soit dans un contexte personnel ou professionnel. Elle peut être d'autant plus bénéfique si vous avez du mal à contrôler vos émotions ou si vous réagissez de façon agressive lors d'un conflit.

QUEL PEUT ÊTRE L'IMPACT DE LA COMMUNICATION NONVIOLENTE DANS MA VIE PROFESSIONNELLE ?

Au sein de votre entreprise, les bénéfices de la Communication NonViolente peuvent être multiples :

- améliorer les relations professionnelles ;
- renforcer la collaboration entre collègues ;
- remotiver les équipes ;
- diminuer le stress ;
- prendre confiance en soi et s'affirmer.

À VOUS DE JOUER !

Avant d'entamer une démarche CNV, il vous faut premièrement vous interroger sur votre fonctionnement actuel en vue de parvenir à identifier les points qui méritent votre attention et qui peuvent être améliorés. Efforcez-vous ensuite à mettre en pratique la méthode exposée plus tôt. Faites preuve de diplomatie tout en exprimant vos ressentis et vos besoins.

EXERCICE 1 – BILAN ACTUEL

Lorsque vous êtes en situation de désaccord avec quelqu'un, comment vous comportez-vous ? Inscrivez une croix dans la colonne correspondant à votre réaction.

	Souvent	Rarement	Jamais
J'essaye de prendre le dessus sur mon interlocuteur.			
J'essaye de trouver un compromis avec mon interlocuteur.			
Je me moque, je ris, je blague.			
Je me tais et je me détourne.			
Je fuis le problème.			
Je fais comprendre à mon interlocuteur que je n'aime pas son comportement.			
Je demande de l'aide à une autre personne.			
Je demande conseil à une autre personne.			
Je menace, je fais du chantage.			
J'attaque verbalement.			

	Souvent	Rarement	Jamais
J'exprime mes sentiments (peine, tristesse, colère).			
Je me soumets et c'est l'autre qui gagne.			
Je reporte la décision à plus tard.			
Je veux une solution tout de suite.			
Je réponds du tac au tac et le remets à sa place.			
Je pleure, je me lamente.			
Je ne dis rien et je vais pleurer dans mon coin.			
J'enrage et je me dis que c'est injuste.			

Analysez vos réponses pour mettre en avant vos points faibles et commencez à travailler dessus.

Si vous pensez à d'autres comportements, notez-les ici :

....

....

....

....

....

....

....

Que vous vient-il à l'esprit quand vous pensez aux mots suivants ?

Violence – Conflit – Agression

....

....

....

....

....

....

EXERCICE 2 – MISE EN PRATIQUE DE LA CNV

Vous vous trouvez dans une situation conflictuelle avec quelqu'un. Répondez aux questions suivantes :

- Quel événement déclenche l'envie de s'exprimer chez l'un et chez l'autre ? Décrivez les faits de façon objective.
- Comment vous sentez-vous ? Repérez vos émotions ainsi que celles de votre interlocuteur.
- Quels besoins traduisent vos émotions ? Évitez les reproches et ne soyez pas sur la défensive.
- Quelles actions spécifiques chacun souhaite-t-il que l'autre accomplisse ? Et qu'êtes-vous prêt à faire pour que la situation s'arrange ? N'utilisez pas la menace, les ordres ou la manipulation.

EXERCICE 3 – L'AUTO-ÉVALUATION

Complétez le tableau ci-dessous :

Je suis capable	Oui	Non	Compétences à développer
d'aborder le conflit avec sérénité.			
de m'exprimer sincèrement.			
de différencier observation, jugement et évaluation.			
de me situer en indiquant mon ressenti et mes besoins.			
de formuler une demande claire, concrète et réaliste.			
d'oser me confronter à l'autre.			
d'inviter l'autre à parler.			

Je suis capable	Oui	Non	Compétences à développer
d'accepter ce que l'autre me dit.			
d'écouter l'autre avec empathie.			
d'entendre la demande de l'autre.			
de m'ajuster aux réactions de mon interlocuteur.			
de distinguer la personne de son comportement.			
de faire face à la violence physique ou morale.			

Votre avis nous intéresse !
Laissez un commentaire sur le site de votre
librairie en ligne et partagez vos coups de cœur sur
les réseaux sociaux !

POUR ALLER PLUS LOIN

SOURCES BIBLIOGRAPHIQUES

- ROSENBERG (Marshall), *Dénouer les conflits par la Communication NonViolente*, Saint-Julien-en-Genevois, Éditions Jouvence, 2006.

- ROSENBERG (Marshall), *La Communication NonViolente au quotidien*, Saint-Julien-en-Genevois, Éditions Jouvence, 2003.

SOURCES COMPLÉMENTAIRES

- BRONCKART (Véronique), *Comment donner et recevoir un feed-back constructif ?*, Bruxelles, éditions Lemaitre, 2015.

- KELLER (Françoise), *Pratiquer la CNV au travail. La communication NonViolente, passeport pour réconcilier bien-être et performance*, Paris, InterEditions, 2013.

- MYERS *(Wayland)*, *Pratique de la Communication NonViolente. Établir de nouvelles relations*, Saint-Julien-en-Genevois, Éditions Jouvence, 2007.

- PORTAIL DE L'ASSOCIATION POUR LA COMMUNICATION NONVIOLENTE DE BELGIQUE FRANCOPHONE : http://cnvbelgique.be/

- VAN STAPPEN (Anne), *Petit cahier d'exercices de Communication NonViolente*, illustré par Jean d'Augagneur, Saint-Julien-en-Genevois, Éditions Jouvence, 2015.

ISBN ebook : 978-2-8062-6472-5
ISBN papier : 978-2-8062-6482-4
Dépôt légal : D/2015/12603/223
Photo de couverture : © Viacheslav Iakobchuk – Fotolia.com

Conception numérique : Primento,
le partenaire numérique des éditeurs